もくじ

教育出版版 こくご 1ねん 準拠

きょうかしょ 上

JN081471

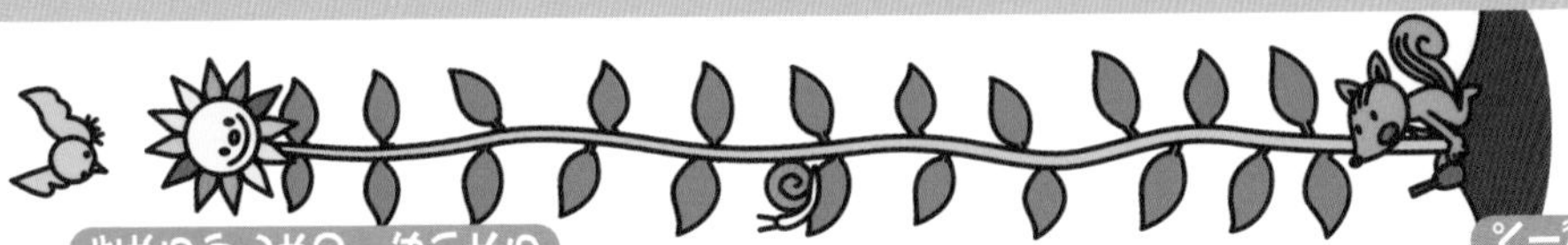

きょうかしょの ないよう

きほん 1

きょうかしょ㊤1〜7ページ

なかよしの　みち　あかるい　あいさつ

がつ　にち

10ぷん　／100てん

1 ことばが　よめたら、○に　いろを　ぬりましょう。〔30てん〕

なかよし

2 えと　あう　ことばを　――で　むすびましょう。ひとつ35〔70てん〕

(1) 　・　　・ごめんなさい

(2) 　・　　・ありがとう

こたえは65ページ

かくにん 1

きょうかしょ㊤1〜7ページ

なかよしの みち
あかるい あいさつ

がつ　にち

10ぷん

／100てん

1 ことばが よめたら、○に いろを ぬりましょう。

ひとつ25〔100てん〕

○○小学校
○ おはよう
○ はい
○ いただきます
小学校
○ さようなら

こたえは65ページ

きほん 2

きょうかしょ㊤8～13ページ

がつ　にち

10ぷん

／100てん

わたしの　なまえ
おはなし　たくさん　ききたいな
こえの　おおきさ　どれくらい

1 ともだちに　じぶんの　なまえを　おしえる　とき、どのように　いいますか。ただしい　ほうに　○を　つけましょう。〔50てん〕

㋐（　　）

わたしの　なまえは

㋑（　　）

なまえは

2 ただしい　おはなしの　ききかたは　どれですか。（　）に　○を　つけましょう。〔50てん〕

㋐（　　）　㋑（　　）　㋒（　　）　㋓（　　）

かくにん 2

きょうかしょ㊤8～13ページ

わたしの　なまえ
おはなし　たくさん　ききたいな
こえの　おおきさ　どれくらい

がつ　にち

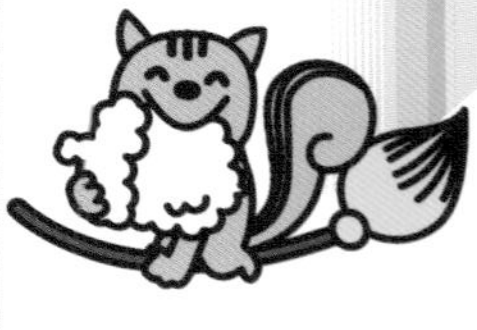

10ぷん　／100てん

1 □に　じぶんの　なまえを　いれて　よみましょう。〔50てん〕

わたしの　なまえは　□　です。

すずき
えみ

2 がっこうに　いる　ときの　こえの　おおきさの　ただしい　ほうに、○を　つけましょう。ひとつ25〔50てん〕

(1)

㋐（　）　㋑（　）

(2)

㋐（　）　㋑（　）

こたえは65ページ

かいて　みよう

きょうかしょ㊤14～17ページ

がつ　にち

10ぷん　／100てん

1 ●から　◆へ　うすい　てんせんを　なぞって、せんの　れんしゅうを　しましょう。〔100てん〕

えんぴつの　もちかた

こたえは65ページ

かくにん 3 かいて みよう

きょうかしょ㊤14～17ページ

がつ にち

10ぷん ／100てん

1 うすい ひらがなを なぞりましょう。 ひとつ15〔60てん〕

(1)  くつ

(2) 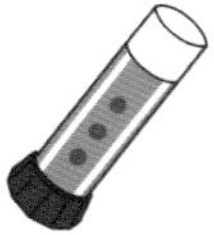 のり

(3) 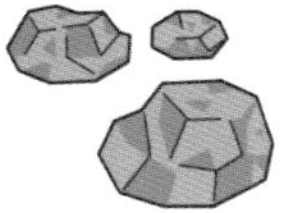 いし

(4)  とり

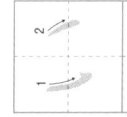

2 ○の ひらがなが はいって いる ことばを したから えらんで、——で むすびましょう。 ひとつ10〔40てん〕

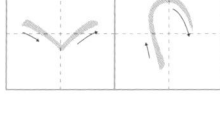

(1) ㋛ ・　　・くり

(2) ㋗ ・　　・あし

(3) ㋑ ・　　・つき

(4) ㋡ ・　　・いと

こたえは65ページ

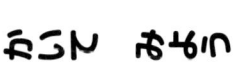

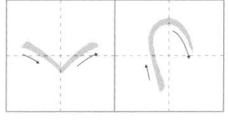

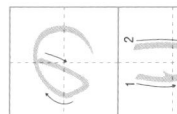

きほん 4

きょうかしょ㊤18～21ページ

こえを　あわせて　あいうえお
あいうえおを　つかおう

がつ　　にち

10ぷん

／100てん

1 「あいうえお」の　くちの　かたちを　――で　むすびましょう。　ひとつ15〔75てん〕

あ・　　・(1) 

い・　　・(2) 

う・　　・(3) 

え・　　・(4) 

お・　　・(5) 

2 ○に　「あいうえお」を　いれて　よみましょう。〔25てん〕

○ひる 

た○こ 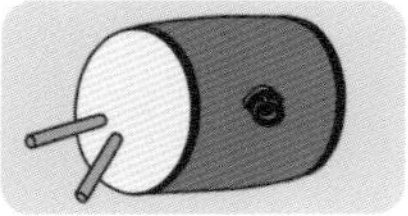

○ちわ 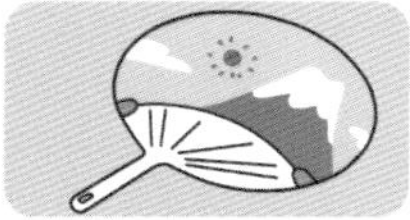

○ほん 

し○り 

こたえは65ページ

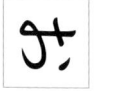

かくにん 4

きょうかしょ㊤18〜21ページ

こえを　あわせて　あいうえお　あいうえおを　つかおう

がつ　にち

／100てん

10ぷん

1 うすい　ひらがなを　なぞりましょう。　ひとつ14〔70てん〕

(1) あり

(2) いけ

(3) うし

(4) えき

(5) おに

2 うすい　ひらがなを　なぞりましょう。　ひとつ10〔30てん〕

(1)
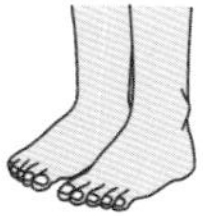
あし

(2)

つき

(3)

12
1
2
3
4
5
6
7
8
9
10
11

とけい

こたえは66ページ

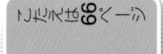

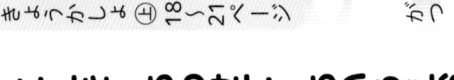

きほん 5

きょうかしょ㊤22〜25ページ

がつ　にち

みつけて はなそう、はなしを つなごう
かきと かぎ

／100てん　10ぷん

1 えを みて、あう ほうに ○を つけましょう。

ひとつ16〔64てん〕

(1)

（　）かき
（　）かぎ

(2)

（　）ふた
（　）ぶた

(3)
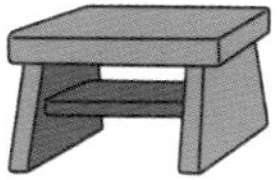
（　）たい
（　）だい

(4)

（　）さる
（　）ざる

2 うすい ひらがなを なぞりましょう。

ひとつ12〔36てん〕

(1) ぶかぶか の ふとん。

(2) ぶかぶか の くつ。

(3) ぷかぷか うかぶ。

こたえは66ページ

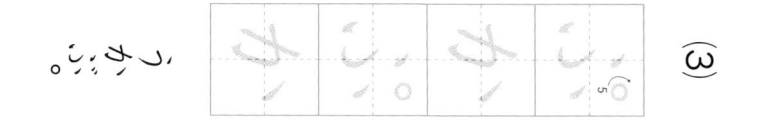

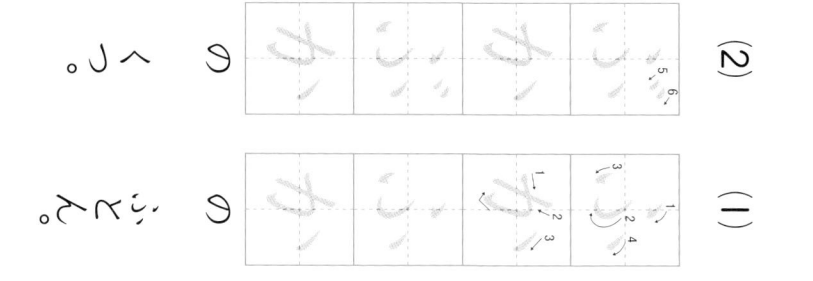

かくにん 5

きょうかしょ㊤22～25ページ

みつけて はなそう、はなしを つなごう
かきと かぎ

がつ　にち

10ぷん

／100てん

1 うすい ひらがなを なぞりましょう。 ひとつ20〔80てん〕

(1) さる ― ざる

(2) ふた ― ぶた

(3) たい ― だい

(4) かき ― かぎ

2 [　]の ことばを 「が」で つないで、ぶんを つくりましょう。おわりには まる(。)を つけましょう。 〔20てん〕

[やぎ]　[いる]

やぎ［　］いる。

こたえは66ページ

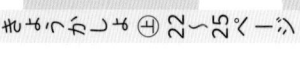

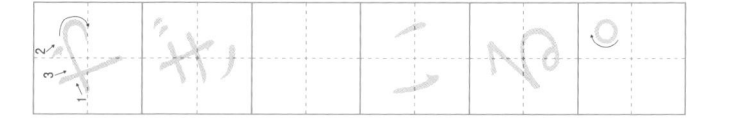

きほん 6

ことばを　あつめよう

きょうかしょ㊤26〜27ページ

がつ　にち

10ぷん

／100てん

1 うすい　ひらがなを　なぞりましょう。

ひとつ10〔70てん〕

(1)  いす

(2)  ほん

(3)  まど

(4)  そら

(5)  みち

(6)  いぬ

(7)  はな

2 えを　みて、□に　あてはまる　ひらがなを　かきましょう。

ひとつ10〔30てん〕

(1)  □え

(2)  □さ

(3)  か□□□

こたえは66ページ

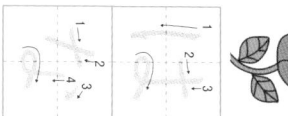

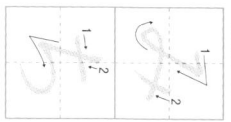

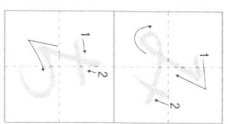

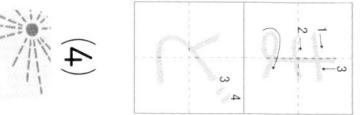

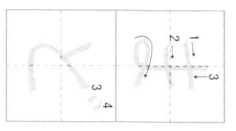

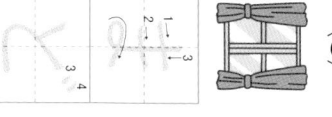

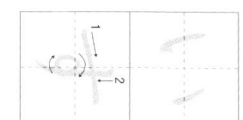

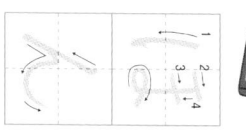

かくにん 6

きょうかしょ㊤26～27ページ

ことばを　あつめよう

がつ　にち

／100てん　10ぷん

1 えを　みて、□に　あてはまる　ひらがなを　かきましょう。

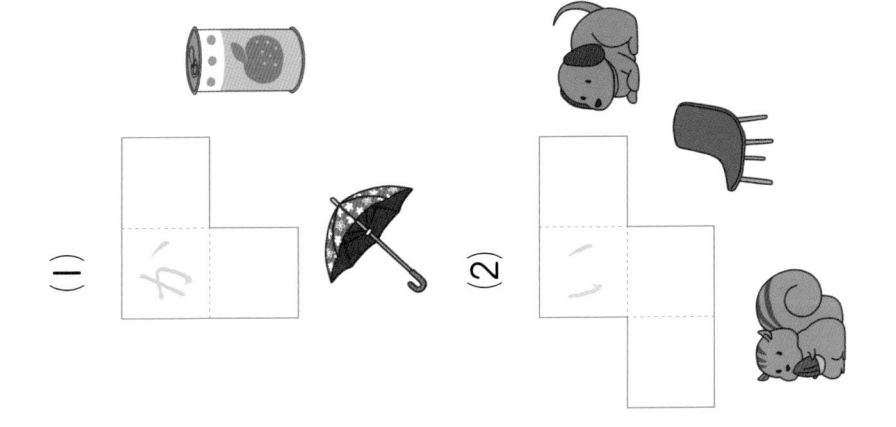

ひとつ14〔70てん〕

(1)

か

(2)

い

2 みぎと　ひだりの　□から　ことばを　ひとつずつ　えらんで、□□に　ぶんを　かきましょう。おわりには　まる(。)を　つけましょう。

ひとつ10〔30てん〕

とりが
はなが
いぬが

ほえる
とぶ
さく

こたえは66ページ

きほん 7

きょうかしょ㊤28〜33ページ

がつ　にち

10ぷん

／100てん

くまさんと ありさんの ごあいさつ ねこと ねっこ

1 ちいさく かく ひらがなを ○で かこみましょう。

ひとつ15〔30てん〕

(1)

ねこ

ねっこ

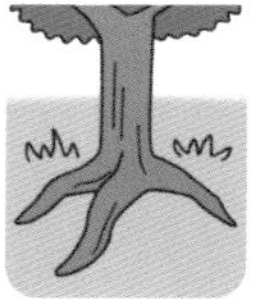

(2)

きつね

きって

2 うすい ひらがなを なぞりましょう。

ひとつ20〔40てん〕

(1)

およぐ

(2)

せっけん

3 □に てん(、)か まる(。)の どちらかを いれましょう。

ひとつ15〔30てん〕

くまさんが□こえを かけました□

こたえは66ページ

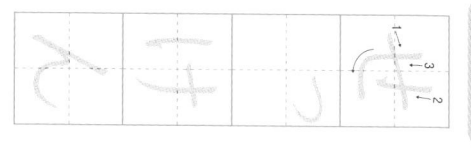

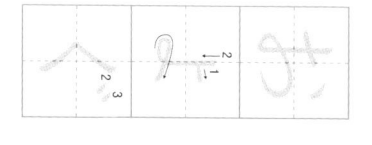

かくにん 7

きょうかしょ㊤28～33ページ

くまさんと ありさんの ごあいさつ ねこと ねっこ

がつ　にち

10ぷん　／100てん

1 うすい　ひらがなを　なぞりましょう。　ひとつ20〔40てん〕

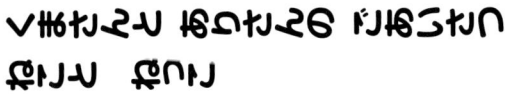

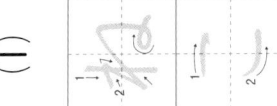

(1) ねこ

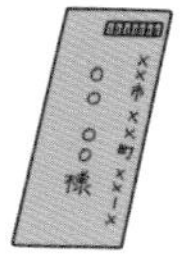

(2) てがみ

2 ――と　おなじ　よみかたを　する　ほうに、○を　つけましょう。　ひとつ15〔30てん〕

(1) こんにちは。
- あ（　）はこを　あける。
- い（　）あしたは、やすみだ。

(2) それでは、またね。
- あ（　）はい、そうです。
- い（　）わたしは、たべます。

3 うえと　したの　ことばが　つながるように、――で　むすびましょう。　ひとつ10〔30てん〕

(1) らっこは、・　　・はしる。
(2) はなが、・　　・およぐ。
(3) うまは、・　　・さく。

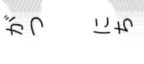

こたえは66ページ

きほん 8

きょうかしょ㊤34～37ページ

がつ　にち

ほんを　よもう
ことばを　つなごう

10ぷん　／100てん

1 うすい　ひらがなを　なぞりましょう。

ひとつ8〔72てん〕

(1) ゆめ

(2) もも

(3) いろ

(4) なす

(5) ひまわり

(6) へちま

(7) すみれ

(8) あさひ

(9) まくら

2 ［　］の　ことばを　「を」で　つないで、ぶんを　つくりましょう。おわりには　まる(。)を　つけましょう。

〔28てん〕

［ほん］　［よむ］

をよむ

こたえは66ページ

かくにん 8

ほんを よもう ことばを つなごう

きょうかしょ㊤34～37ページ

がつ　にち

／100てん　10ぷん

1 えを みて、□に あてはまる ことばを かきましょう。

ぜんぶ できて ひとつ25〔100てん〕

(1)

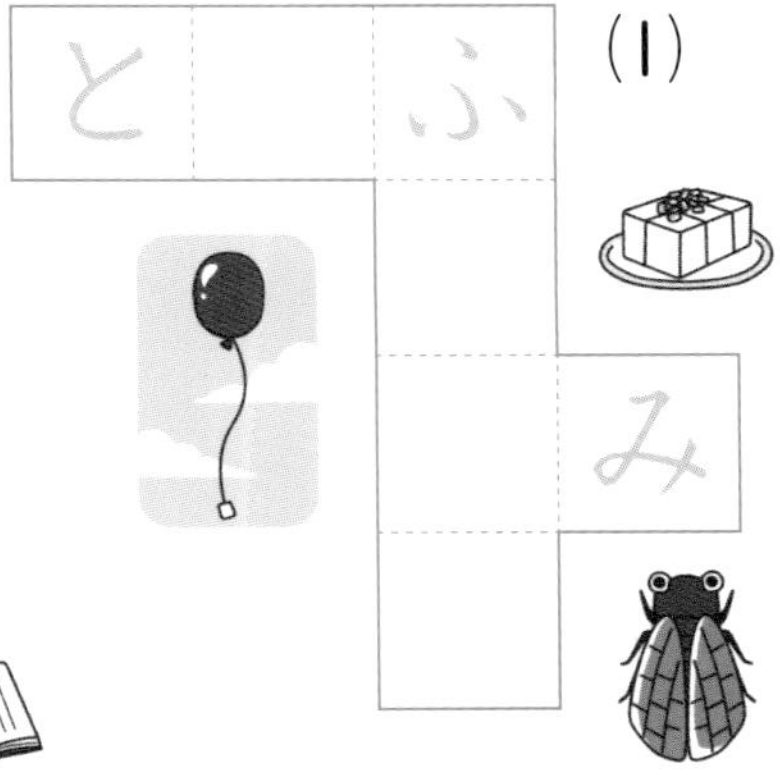

と
ふ
み

(2)

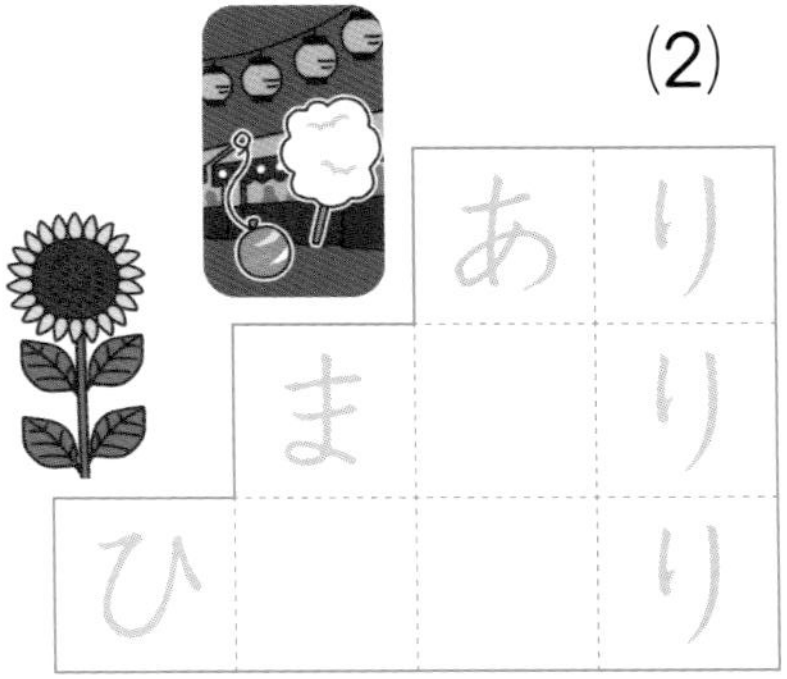

り
あ
り
ま
り
ひ

(3)

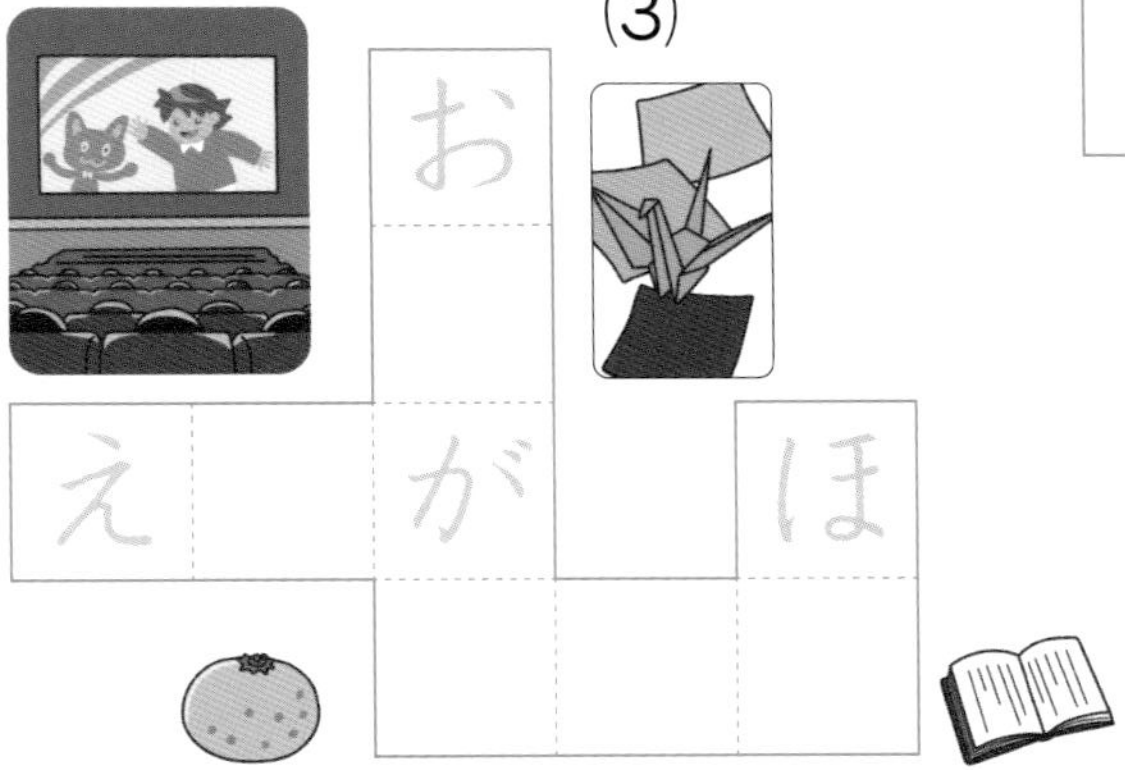

お
え
が
ほ

(4)

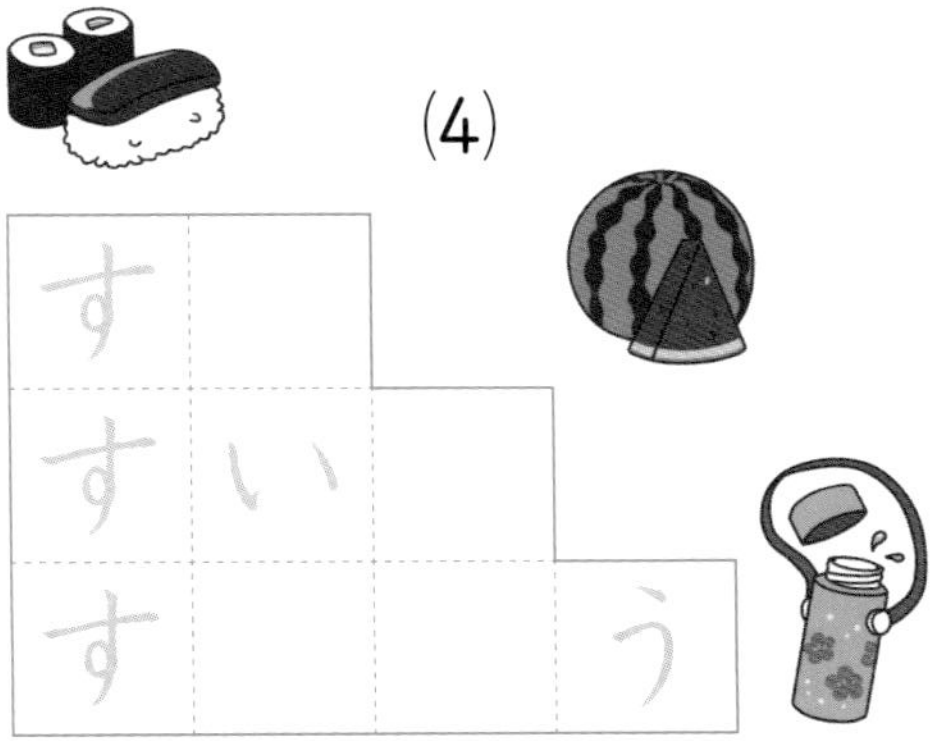

す
す
い
す
う

こたえは66ページ

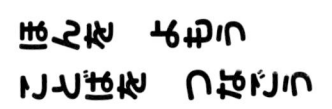

きほん 9

あいうえおの うた ごじゅうおん

きょうかしょ㊤38～41ページ

がつ　にち

／100てん　10ぷん

1 ごじゅうおんの じゅんに、□に あてはまる ひらがなを かきましょう。

ひとつ6〔84てん〕

(1)	い	う	(2)	お
(3)	し	(4)	せ	(5)
(6)	(7)	つ	(8)	と
は	(9)	(10)	へ	(11)
(12)	み	(13)	め	(14)

おおきな
こえで
たてに
よんで
みましょう。

2 えを みて、□に あてはまる ひらがなを かきましょう。

ひとつ8〔16てん〕

(1)  ぬ□□

(2)  さ□□

こたえは67ページ

かくにん 9

あいうえおの うた
ごじゅうおん

きょうかしょ㊤38～41ページ

がつ　にち

10ぷん　／100てん

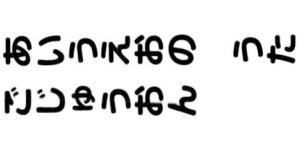

1 えを みて、□に あてはまる ひらがなを かきましょう。 ひとつ8〔80てん〕

(1)  □さがお

(2)  □き

(3)  □さ

(4) 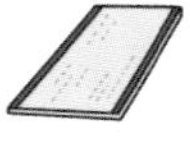 □たみ

(5)  □す

(6)  □さみ

(7)  □め

(8)  □ぎ

(9)  □くだ

(10)  □し

2 えを みて、□に あてはまる ひらがなを かきましょう。 ひとつ10〔20てん〕

(1)  □□し

(2)  □□み

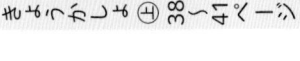

こたえは67ページ

きほん 10

きょうかしょ ㊤ 42〜49ページ

けむりの きしゃ のばす おん

がつ　にち

／100てん　10ぷん

1 ただしい ほうに ○を つけましょう。

ひとつ10〔40てん〕

(1)
㋐（　）とけい
㋑（　）とけえ

(2)
㋐（　）さとお
㋑（　）さとう

(3)
㋐（　）おうかみ
㋑（　）おおかみ

(4)
㋐（　）せんせえ
㋑（　）せんせい

2 えを みて、□に あてはまる ひらがなを かきましょう。

ひとつ15〔60てん〕

(1) 
□□き

(2) 
こ□り

(3) 
□□せん

(4) 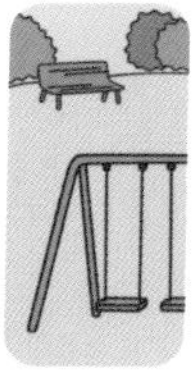
こ□□ん

こたえは67ページ

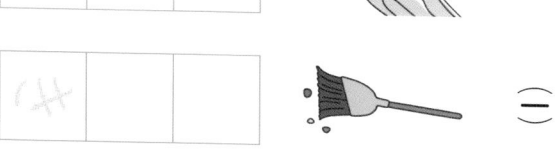

かくにん 10

けむりの　きしゃ
のばす　おん

きょうかしょ㊤42～49ページ

がつ　にち

10ぷん　／100てん

1 えの　ひとたちの　よびかたを　かきましょう。

ひとつ12〔60てん〕

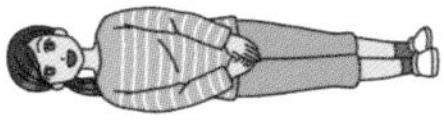
(1) おか□□ん

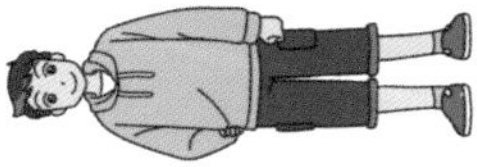
(2) おに□□ん

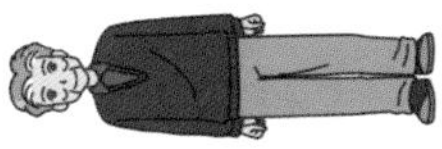
(3) おじ□□ん

(4) おね□□ん

(5) おと□□ん

2 えを　みて、□に　あてはまる　ひらがなを　かきましょう。

ひとつ20〔40てん〕

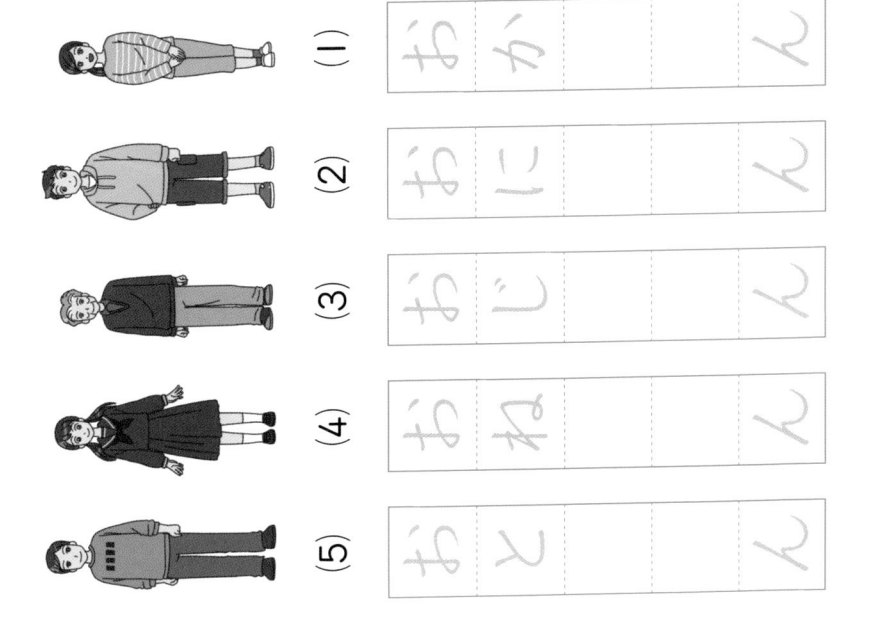

(1) 
えんとつの　そ□□。

(2) 
な□□□し

こたえは67ページ

きほん 11

きょうかしょ㊤50〜55ページ

せんせい、あのね　みんなに　はなそう　がぎぐげごの　うた

がつ　にち

10ぷん　／100てん

1 うすい　ひらがなを　なぞりましょう。〔30てん〕

ぼくは、こうえ
んへいった。

2 あてはまる　ひらがなを　（は・へ）から　えらんで、□に　かきましょう。ひとつ10〔40てん〕

(1) わたし□、がっこう□　いきました。

(2) くるま□、みぎ□　まがりました。

3 ただしい　ほうに　○を　つけましょう。ひとつ10〔30てん〕

(1)
㋐（　　）かまかえる
㋑（　　）がまがえる

(2)
㋐（　　）ざりがに
㋑（　　）さりがに

(3)
㋐（　　）はとぼっぼ
㋑（　　）はとぽっぽ

こたえは67ページ

かくにん 11

せんせい、あのね みんなに はなそう がぎぐげごの うた

きょうかしょ㊤50～55ページ

がつ　にち

／100てん　10ぷん

1 えを　みて、□に　あてはまる　ひらがなを　かきましょう。　ひとつ15〔60てん〕

(1)  お□□い こ

(2)  □□う

(3)  か□□

(4)  み ず で□□う

2 ただしい　ぶんに　なる　ほうに、○を　つけましょう。　ひとつ20〔40てん〕

(1) きのう、
㋐（　）さかあがりが　できました。
㋑（　）さかあがりを　できます。

(2) ぼくは、
㋐（　）まどが　あきました。
㋑（　）まどを　あけました。

こたえは67ページ

きほん 12

きょうかしょ㊤56～67ページ

よく みて かこう すずめの くらし しゃ、しゅ、しょ きゃきゅきょの うた

がつ　にち

10ぷん　／100てん

1 □の ことばを ならべかえて、ただしい ぶんを かきましょう。　ひとつ20〔40てん〕

(1) くつと［　　　　］おなじくらいです。

たかさは　つるの　、

(2) はっぱの［　　　　］

みどりです　いろは　、　。

2 ただしい ほうに ○を つけましょう。　ひとつ15〔30てん〕

(1) ㋐（　）ちゃいろ　㋑（　）ちやいろ

(2) ㋐（　）あくしゅ　㋑（　）あくしゆ

3 ○に あてはまる ひらがなを、ちいさい（ゃ・ゅ・ょ）から えらんで かきましょう。　ひとつ15〔30てん〕

(1) し○しん

(2) き○うり

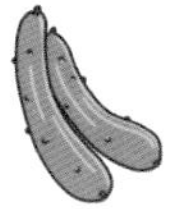

こたえは67ページ

かくにん 12

よく みて かこう すずめの くらし しゃ、しゅ、しょ きゃきゅきょの うた

きょうかしょ㊤56〜67ページ

がつ　にち

／100てん　10ぷん

1 □に あてはまる ひらがなを、〔 〕から えらんで かきましょう。　ひとつ10〔40てん〕

(1) 〔を・は・へ〕

すずめ□、くさの たね□ たべます。

(2) 〔へ・に・が〕

すずめ□、のはら□ います。

2 えを みて、□に あてはまる ひらがなを かきましょう。　ひとつ15〔60てん〕

(1) 

か□□□

(2) 

し□□き

(3) 

にん□□□

(4) 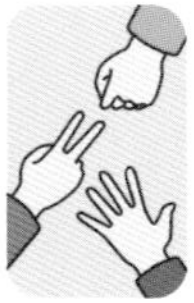

じ□□□ん

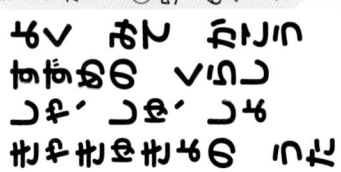

こたえは67ページ

きほん 13

きょうかしょ㊤68～73ページ

しらせたい ことを かこう は、を、へ

がつ　にち

10ぷん　／100てん

1 うえの ――と おなじ よみかたを する ほうに、○を つけましょう。　ひとつ20〔40てん〕

(1) はるが きた。
- ㋐（　）そらは、あおい。
- ㋑（　）はりと いと。

(2) へびが いた。
- ㋐（　）へちまの たね。
- ㋑（　）いえへ かえる。

2 ［　］の ことばを（は・を・へ）で つないで、ぶんを つくりましょう。　ひとつ20〔60てん〕

(1) ［ぼく　やきゅう］
（　　　　　　）しました。

(2) ［わたし　こうえん］
（　　　　　　）いきました。

(3) ［おとうと　おにぎり］
（　　　　　　）たべました。

こたえは67ページ

かくにん 13

きょうかしょ㊤68～73ページ　がつ　にち

しらせたい ことを かこう
は、を、へ

10ぷん　／100てん

1 ただしい ほうを ◯で かこみましょう。　ひとつ8〔64てん〕

(1) {は／わ}たし{は／わ}、にじを みました。

(2) い{え／へ}の ひとに {お／を}しえたい

こと{お／を} かきます。

(3) {お／を}とうさんと かわ{え／へ} いって

つり{お／を} します。

2 □に あてはまる ひらがなを、(わ・は)、(お・を)、(え・へ)から えらんで かきましょう。　ひとつ6〔36てん〕

(1) ようち□ん□ いきました。

(2) かきご□り□ たべました。

(3) ぼく□、な□とびが すきです。

こたえは68ページ

きほん 14

きょうかしょ㊤74、79～93ページ　　がつ　にち

10ぷん　／100てん

としょかんへ　いこう
おおきな　かぶ
えにっきを　かこう

1 つぎの　ぶんに　あう　ばしょに　○を　つけましょう。〔15てん〕

ほんを　よんだり　かりたり　する　ところ。

㋐（　）としょかん　　㋑（　）おんがくしつ

2 ただしい　ほうに　○を　つけましょう。ひとつ15〔30てん〕

(1) ㋐（　）おおきな　かぶ
　　㋑（　）おうきな　かぶ

(2) ㋐（　）あまそおな　かぶ
　　㋑（　）あまそうな　かぶ

3 ▭の　ことばを　ならべかえて、ただしい　ぶんを　かきましょう。〔25てん〕

びっくりしました　ひろくて、　うみが　。

4 ぶんの　なかから　ちいさく　かく　ひらがなを　みつけて、○で　かこみましょう。ぜんぶ　できて　ひとつ15〔30てん〕

(1) 「うんとこしよ、どつこいしよ。」

(2) みんなで　かぶを　ひつぱつて　みよう。

こたえは68ページ

かくにん 14

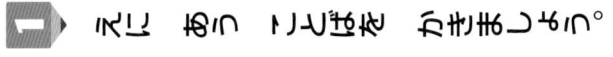

としょかんへ いこう　おおきな かぶ　えにっきを かこう

きょうかしょ㊤74、79〜93ページ

がつ　にち

10ぷん　／100てん

1 えに あう ことばを かきましょう。　ひとつ10〔50てん〕

(5)
(4)
(3)
(2)
(1)

(1)（　　）
(2)（　　）
(3)（　　）
(4)（まご）
(5)（　　）

2 ただしい ほうを ○で かこみましょう。　ひとつ10〔40てん〕

(1) ぼく｛は／へ｝、うみ｛を／に｝いきました。

(2) おねえさん｛と／を｝、かい｛と／を｝ひろいました。

3 うえと したの ことばが つながるように、——で むすびましょう。　ひとつ5〔10てん〕

(1) まだ　・　　　・㊀ かぶは ぬけません。

(2) やっと・　　　・㊁ かぶは ぬけました。

こたえは68ページ

きほん 15

きょうかしょ㊤94～97ページ　　がつ　にち

なつの　おもいでを　はなそう　かたかなの　ことば

10ぷん　／100てん

1 えと　あう　ことばを　――で　むすびましょう。

ひとつ10〔40てん〕

(1)  ・

(2)  ・

(3)  ・

(4) 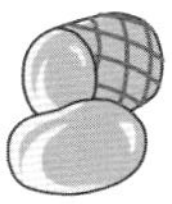 ・

・トマト・
・ハム・
・アイス・
・ココア・

2 〈れい〉に　ならって、つぎの　ことばを　ていねいな　ことばに　なおして　かきましょう。〔30てん〕

〈れい〉ほんを よんだ。おもしろかった。

ほんを　よみました。おもしろかったです。

うみで およいだ。たのしかった。

3 ただしい　ほうに　○を　つけましょう。ひとつ15〔30てん〕

(1)
㋐（　）コップ
㋑（　）コッブ

(2)
㋐（　）チーズ
㋑（　）チイズ

こたえは68ページ

かくにん 15

なつの　おもいでを　はなそう　かたかなの　ことば

きょうかしょ㊤94〜97ページ

がつ　にち

10ぷん　／100てん

1 かたかなで　かく　ことばを、みっつ　えらんで　○を　つけましょう。　ひとつ5〔15てん〕

㋐（　）きっちん　㋑（　）さら
㋒（　）しゃつ　㋓（　）りんご
㋔（　）やかん　㋕（　）ぱん

2 かたかなに　なおして　かきましょう。　ひとつ20〔40てん〕

(1) じゃむ　□□□

(2) こっぷ　□□□

3 えを　みて、□に　あてはまる　かたかなを　かきましょう。　ひとつ15〔45てん〕

(1) 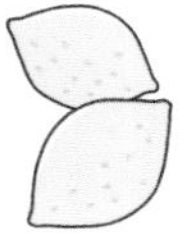 レ□□

(2)  コ□□□

(3)  チ□□□□□

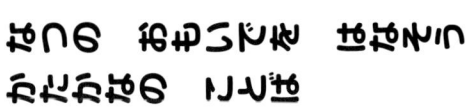

こたえは68ページ

きょうかしょ㊤98～104ページ

がつ　にち

/100てん　10ぷん

けんかした　山　(1)

1 ――の　かんじの　よみがなを　かきましょう。

ひとつ8〔64てん〕

(1) たかい　山。（　　）

(2) お日さまが　いう。（　　）

(3) お月さまが　でる。（　　）

(4) 火を　ふきだす。（　　）

(5) みどりの　木。（　　）

(6) 一ねんが　たつ。（　　）

(7) 二かいへ　いく。（　　）

(8) 三かくに　おる。（　　）

2 （　）に　あてはまる　ことばを、□から　えらんで　かきましょう。

ひとつ15〔30てん〕

(1) ことりたちが、（　　　　）いう。

(2) （　　　　）、火に　つつまれる。

| あっというまに　くちぐちに |

3 ただしい　ほうに　○を　つけましょう。

〔6てん〕

けんか｛ア（　）より／イ（　）ばかり｝して　います。

こたえは68ページ

かくにん 16

けんかした 山 (1)

きょうかしょ㊤98〜104ページ

がつ にち

／100てん 10ぷん

1 □に あてはまる かんじを かきましょう。 ひとつ10〔70てん〕

(1) □（やま）に のぼる。

(2) □（ひ）が しずむ。

(3) □（つき）が あかるい。

(4) □（ひ）を けす。

(5) おおきな □（き）。

(6) □（に）ねんせい

(7) □（さん）りんしゃ

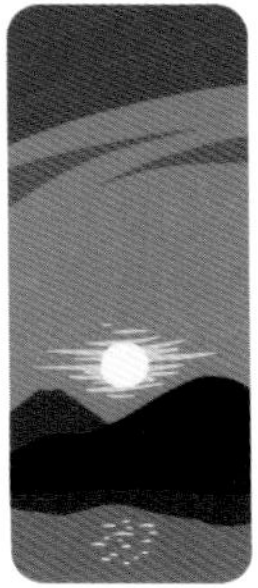

2 （ ）に あてはまる ことばを、□から えらんで かきましょう。 ひとつ10〔30てん〕

(1) どちらも （ ） ひを ふく。

(2) しかられて （ ） する。

(3) やまが （ ） みどりに なる。

しょんぼりと　まけずに　すっかり

こたえは68ページ

きほん 17

けんかした　山(2)
かん字の　はじまり

きょうかしょ 上 98～107ページ

がつ　にち

／100てん　10ぷん

1 ——の　かん字の　よみがなを　かきましょう。ひとつ8〔64てん〕

(1) かん字を　かく。（　）

(2) つくえの　上。（　）

(3) いすの　下。（　）

(4) 人と　あう。（　）

(5) 川が　ながれる。（　）

(6) おやと　子。（　）

(7) 口が　あく。（　）

(8) 田んぼに　うえる。（　）

2 上の　かたちから　できた　かん字を、——で　むすびましょう。ひとつ9〔18てん〕

(1) 「やま」の　かたち  ・

(2) 「つき」の　かたち  ・

・月
・木
・山

3 上と　下の　ことばが　つながるように、——で　むすびましょう。ひとつ9〔18てん〕

(1) くちぐちに　・　　・ア　みあわせます。

(2) かおを　・　　・イ　いいます。

こたえは68ページ

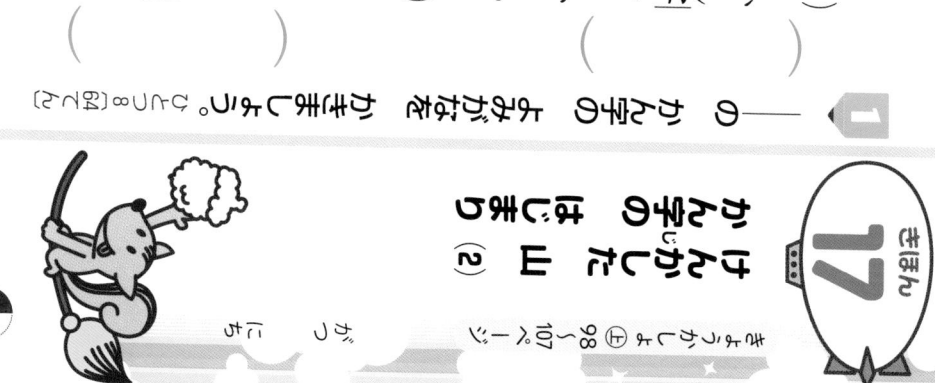

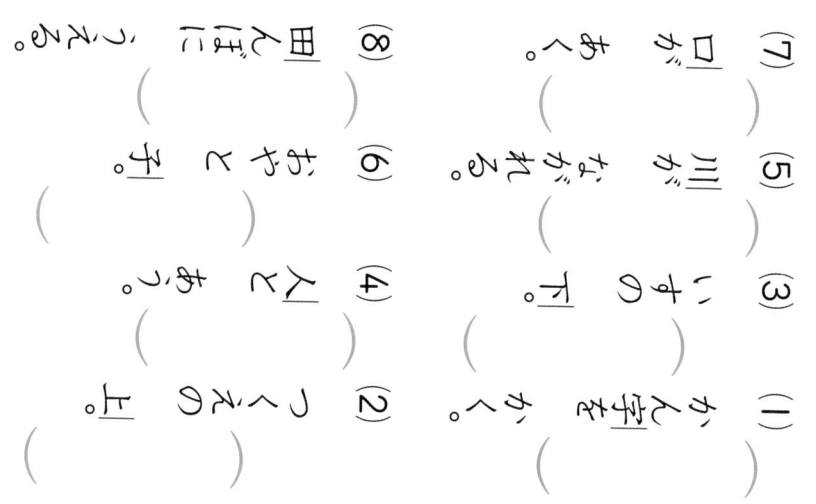

かくにん 17

きょうかしょ㊤98～107ページ

けんかした 山 (2)
かん字(じ)の はじまり

がつ にち

10ぷん

／100てん

1 □に あてはまる かんじを かきましょう。 ひとつ10〔40てん〕

(1) かん□(じ)を よむ。

(2) □(ひと)と はなす。

(3) □(かわ)で およぐ。

(4) ひとの □(こ)。

2 （ ）に あてはまる かんじや ことばを、□から えらんで かきましょう。 ひとつ20〔40てん〕

「(1)（　　）」と いう かんじは、したに ものが ある ことを しめす (2)（　　）から できました。

上　下　かたち　しるし

3 ただしい かきじゅんの ほうに ○を つけましょう。 ひとつ10〔20てん〕

(1)
ア（　） 丨 ト 上
イ（　） 一 ト 上

(2)
ア（　） 丨 冂 口 日 田
イ（　） 丨 冂 皿 田 田

こたえは69ページ

きほん 18

きょうかしょ㊤108～119ページ

だれが、たべたのでしょう たのしかった ことを かこう

がつ　にち

10ぷん　／100てん

1 ――の かん字の よみがなを かきましょう。 一つ10〔20てん〕

(1) 木のはが おちる。（　　）

(2) 一つ えらぶ。（　　）

2 えと あう ことばを、□から えらんで かきましょう。 〔20てん〕

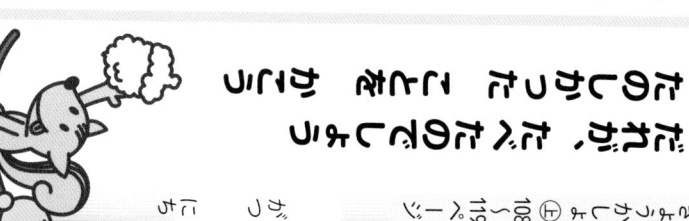

かじる
ちぎる

（　　）

3 上と あう ものを 下から えらんで、――で むすびましょう。 一つ15〔60てん〕

(1) みた こと。　・　　・ア おとうさんと 山へ いきました。

(2) した こと。　・　　・イ おとうさんが、「みて ごらん。」と いいました。

(3) おもった こと。　・　　・ウ とりが とんで いました。

(4) はなした ことや、きいた こと。　・　　・エ かわいいと おもいました。

こたえは69ページ

かくにん 18

だれが、たべたのでしょう たのしかった ことを かこう

きょうかしょ㊤108～119ページ

がつ　にち

／100てん　10ぷん

1 □に あてはまる かん字を かきましょう。 ひとつ20〔40てん〕

(1) □（こ）のはが ちる。

(2) □（ひと）つ ひろう。

2 つぎの しつもんの こたえに なる ぶんに ○を つけましょう。〔20てん〕

だれが、たべたのでしょう。

ア（　）ねずみが、たべるでしょう。

イ（　）ねずみが、たべたのです。

ウ（　）くるみを、たべたのです。

3 はなした ことばに かぎ（「　」）を つけましょう。〔40てん〕

（あける）おかあさんは、

　ありがとう。

といいました。

こたえは69ページ

きほん 19

かぞえよう

きょうかしょ㊤120〜123ページ

がつ　にち

／100てん　10ぷん

1 かずを　あらわす　かん字の　よみがなを　かきましょう。　一つ5〔45てん〕

(1) 二つ（　　）

(2) 三つ（　　）

(3) 四つ（　　）

(4) 五つ（　　）

(5) 六つ（　　）

(6) 七つ（　　）

(7) 八つ（　　）

(8) 九つ（　　）

(9) 十（　　）

2 ──の　かん字の　よみがなを　かきましょう。　一つ5〔25てん〕

(1) 五ひき（　　）

(2) 六ばん（　　）

(3) 七がつ（　　）

(4) 八だい（　　）

(5) 十にん（　　）

3 ──の　よみがなを　──で　むすびましょう。　一つ15〔30てん〕

(1)
- 四がつ・　　・よ
- 四にん・　　・し

(2)
- 九がつ・　　・く
- 九こ・　　・きゅう

こたえは69ページ

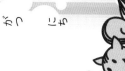

かくにん 19

かぞえよう

きょうかしょ㊤120～123ページ

がつ　にち

／100てん　10ぷん

1 □に　あてはまる　かん字を　かきましょう。 一つ10〔60てん〕

(1) □（よん）わの　とり。

(2) □（ご）そうの　ふね。

(3) □（ろく）まいの　え。

(4) □（なな）つの　ほし。

(5) □（はっ）とうの　うま。

(6) □（じっ）この　いし。

2 えの　かぞえかたを　□から　えらんで、〈れい〉に　ならって　かきましょう。 一つ20〔40てん〕

そく　ひき　さつ

〈れい〉  一だい

(1)  □□□

(2)  □□□

こたえは69ページ

きょうかしょ㊦ 6～10ページ　がつ　にち

あめの　うた
しらせたいな、いきものの　ひみつ

10ぷん　／100てん

1 ――の　かん字の　よみがなを　かきましょう。　一つ10〔30てん〕

(1) むしを　よく　見る。（　　）

(2) みじかい　文。（　　）

(3) 白い　くもが　うかぶ。（　　）

2 （　）に　あてはまる　ことばを、□から　えらんで　かきましょう。　一つ20〔40てん〕

(1) とびらを（　　）たたく。

(2) さかなが（　　）はねる。

ぴちぴち　　とんとん

3 えを　見て、かたかなを　なぞりましょう。　一つ10〔30てん〕

(1)  クレヨン

(2)  メロン

(3)  シャベル

こたえは69ページ

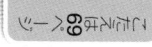

かくにん 20

きょうかしょ㊦6～10ページ

がつ　にち

あめの　うた
しらせたいな、いきものの　ひみつ

10ぷん　／100てん

1 □に　あてはまる　かん字を　かきましょう。 一つ15〔45てん〕

(1) そらを　□(み)る。

(2) □(ぶん)を　かく。

(3) □(しろ)い　はなが　さく。

2 ことばの　つかいかたが　ただしい　ほうに、○を　つけましょう。 〔15てん〕

ア（　　）まえあしは　シャベルのように　みえた。

イ（　　）まえあしは　シャベルのように　みつけた。

3 ザリガニの　ようすを「○○は、～。」と　いう　ぶんに　かきます。〈れい〉に　ならって、□の　ことばを　つかって　はさみの　ことを　かきましょう。 〔40てん〕

〈れい〉ひげは、ほそくて、ながいです。

・メモ　はさみ　｜○おおきい　○りっぱ｜

はさみは、＿＿＿＿＿＿＿＿＿＿＿＿＿＿

こたえは69ページ

きほん 21

きょうかしょ ㊦ 12～23ページ　　がつ　にち

はたらく　じどう車「のりものカード」で　しらせよう

10ぷん　／100てん

1 ――の　かん字の　よみがなを　かきましょう。　一つ8〔56てん〕

(1) じどう車に　のる。（　　）
(2) 手すりを　もつ。（　　）
(3) 大きな　ミキサー。（　　）
(4) 土を　けずる。（　　）
(5) 水を　のむ。（　　）
(6) 名前（まえ）を　よぶ。（　　）
(7) こえに　出す。（　　）

2 ことばの　つかいかたが　ただしい　ほうに　○を　つけましょう。　〔14てん〕

ア（　　）じめんを　ほったり　けずります。
イ（　　）じめんを　ほったり　けずったり　します。

3 ただしい　かきじゅんの　ほうに　○を　つけましょう。　一つ15〔30てん〕

(1)
ア（　　）フ　刁　氺　水
イ（　　）亅　刁　氺　水

(2)
ア（　　）丨　十　屮　出　出
イ（　　）㇄　凵　屮　出　出

こたえは69ページ

かくにん 21

きょうかしょ㊦12～23ページ

はたらく　じどう車 「のりものカード」で　しらせよう

がつ　にち

／100てん　10ぷん

1 □に　あてはまる　かん字を　かきましょう。　一つ8〔56てん〕

(1) じどう□(しゃ)

(2) □(て)すり

(3) □(おお)きな　こえ。

(4) □(つち)を　ほる。

(5) □(な)前(まえ)

(6) □(みず)を　□(だ)す。

2 ただしい　ほうに　○を　つけましょう。　〔12てん〕

トラックは　たくさんの　にもつを　はこぶ　じどうしゃです。{ア（　）それでも、／イ（　）ですから、} おおきな　にだいが　ついて　います。

3 かたかなを　なぞりましょう。　一つ8〔32てん〕

(1) ポンプ

(2) リボン

(3) タイヤ

(4) サラダ

こたえは69ページ

きほん 22

なにを　して　いるのかな？
かん字の　ひろば①　日づけと　よう日

きょうかしょ㊦24～30ページ

がつ　にち

10ぷん

／100てん

1 ――の　かん字の　よみがなを　かきましょう。　一つ4〔52てん〕

(1) 早く　ねる。（　　）
(2) 八月一日（　　）
(3) 九月二日（　　）
(4) 十月二十日（　　）
(5) 金よう日（　　）
(6) お正月（　　）
(7) 花見の　日。（　　）
(8) 虫の　こえ。（　　）
(9) 金づち（　　）
(10) 月よう日（　　）
(11) 火よう日（　　）
(12) 水よう日（　　）
(13) 木よう日（　　）

2 ――の　日づけの　よみがなを　かきましょう。　一つ6〔48てん〕

(1) 三日（　　）
(2) 四日（　　）
(3) 五日（　　）
(4) 六日（　　）
(5) 七日（　　）
(6) 八日（　　）
(7) 九日（　　）
(8) 十日（　　）

こたえは70ページ

かくにん 22

きょうかしょ㊦24～30ページ

がつ　にち

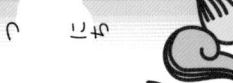

かん字の ひろば① 日づけと よう日
なにを して いるのかな？

／100てん　10ぷん

1 □に あてはまる かん字を かきましょう。　一つ8〔32てん〕

(1) □(はや)く おきる。

(2) □□(しょうがつ)かざり

(3) お□□(はなみ)

(4) □(むし)が なく。

2 よう日の かん字を かきましょう。　一つ9〔54てん〕

(1) □(げつ)よう日

(2) □(か)よう日

(3) □(すい)よう日

(4) □(もく)よう日

(5) □(きん)よう日

(6) □(ど)よう日

3 かたかなを なぞりましょう。　一つ7〔14てん〕

(1) ミルク

(2) バナナ

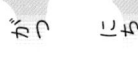

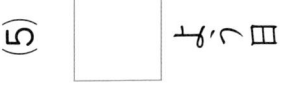

こたえは70ページ

きょうかしょ ㊦32〜53ページ

うみへの ながい たび　きこえて きたよ、こんな ことば

がつ　にち

10ぷん　／100てん

1 ――の かん字の よみがなを かきましょう。〔一つ8〔80てん〕〕

(1) 青い うみ。（　　）

(2) 空が ひろがる。（　　）

(3) 目を 見ひらく。（　　）（　　）

(4) 百日が たつ。（　　）

(5) 耳を すます。（　　）

(6) かぜの 音。（　　）

(7) 立ちふさがる。（　　）

(8) 二年半（はん）が すぎる。（　　）

(9) 千えんの ほん。（　　）

(10) 力いっぱい こぐ。（　　）

2 ことばの つかいかたが 正しい ほうに、○を つけましょう。〔10てん〕

ア（　）なんと かなしいですか。

イ（　）なんと うれしい ことか。

3 かたかなを なぞりましょう。〔一つ5〔10てん〕〕

(1) ウインナー

(2) エプロン

こたえは70ページ

かくにん 23

きょうかしょ㊦32〜53ページ

うみへの ながい たび／きこえて きたよ、こんな ことば

がつ　にち

10ぷん　／100てん

1 □に あてはまる かん字を かきましょう。 一つ12〔84てん〕

(1) □(あお)い □(そら)。　(2) まるい □(め)。

(3) □(みみ)を ふさぐ。　(4) 大きな □(おと)。

(5) □(せん)えん はらう。　(6) □(ちから)いっぱい

2 ふきだしの ことばを、「 」を つけて かきましょう。うすい 字は なぞりましょう。 〔16てん〕

いっしょに
あそぼう。

と、こいぬが いいました。

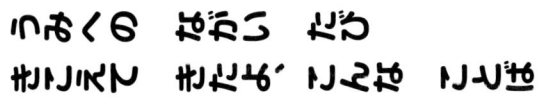

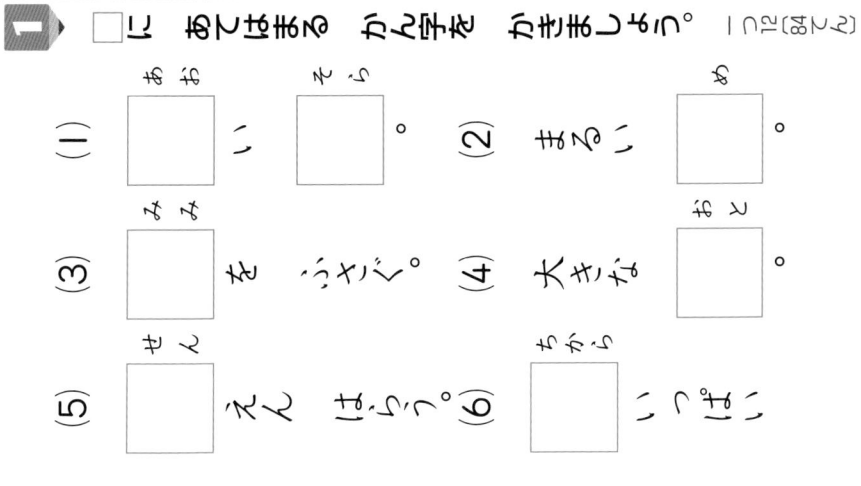

こたえは70ページ

きほん 24

ことばの ぶんか①　天に のぼった おけやさん　ことばの ひろば①　かたかな

きょうかしょ㊦54〜57ページ

がつ　にち

10ぷん　／100てん

1 ――の かん字の よみがなを かきましょう。　一つ10〔40てん〕

(1) 天に のぼる。（　　）

(2) いえの 中。（　　）

(3) 気を つける。（　　）

(4) 小さく かく。（　　）

2 （　）に あてはまる ことばを、[　　]から えらんで かきましょう。　一つ10〔30てん〕

(1) （　　　）と いう まに おちた。

(2) （　　　）と いい 気もちで いた。

(3) （　　　）と あつまって きた。

[わやわや　うつらうつら　あれよあれよ]

3 つぎの かたかなを なぞりましょう。　一つ10〔30てん〕

(1) シーツ

(2) マラソン

(3) ワーク

こたえは70ページ

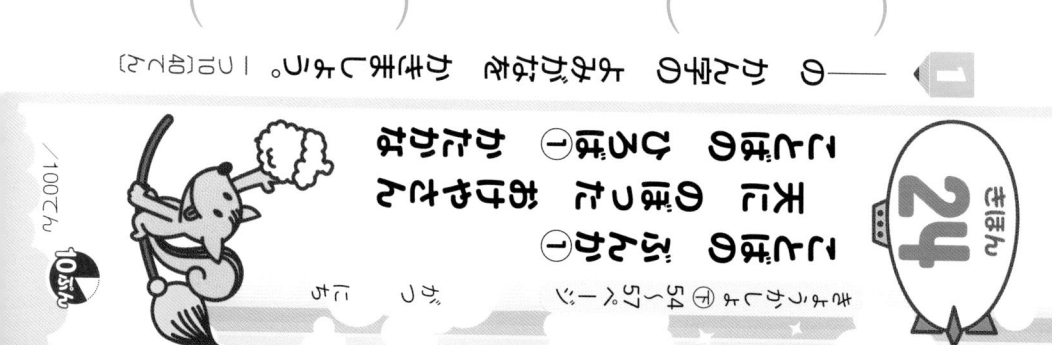

かくにん 24

きょうかしょ ㊦ 54〜57ページ

ことばの ぶんか①
天に のぼった おけやさん
ことばの ひろば① かたかな

がつ にち

10ぷん ／100てん

1 □に あてはまる かん字を かきましょう。 一つ10〔40てん〕

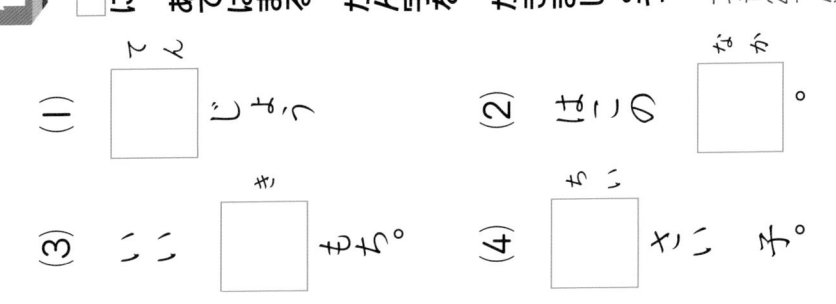

(1) □（てん）じょう

(2) はこの □（なか）。

(3) いい □（き）もち。

(4) □（ちい）さい 子。

2 ○に あてはまる かたかなを 下から えらんで、——で むすびましょう。 一つ8〔48てん〕

(1)
① ○ケツ ・ ・ハ
② ○ム ・ ・バ
③ ○トカー ・ ・パ

(2)
① ○○コレート ・ ・チャ
② ○○ーリップ ・ ・チュ
③ ○○イム ・ ・チョ

3 まちがって いる 字を ○で かこんで、（ ）に 正しい 字で ことばを かきましょう。 りょうほう できて〔12てん〕

ソーセーヅ

↓ （ ）

こたえは70ページ

きほん 25

きょうかしょ ㊦ 58～62ページ

かん字の ひろば② かん字の よみかた こころが あたたかく なる 手がみ

がつ　にち

10ぷん　／100てん

1 ――の かん字の よみがなを かきましょう。 一つ8〔80てん〕

(1) 本日は はれです。（　）（　）
(2) 竹うまに のる。（　）
(3) はりと 糸。（　）（　）
(4) 左手を あげる。（　）
(5) 右手で つかむ。（　）
(6) 左右を 見る。（　）（　）
(7) 子どもが 生まれる。（　）（　）
(8) 百年 生きる。（　）（　）
(9) 先生と はなす。（　）
(10) 休みじかん（　）

2 ――の かん字の 二とおりの よみかたを かきましょう。 一つ5〔20てん〕

(1) ① 花だん（　）
　　② くさ花（　）
(2) ① 三人（　）
　　② 名人（　）

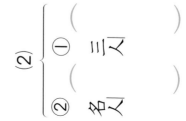

こたえは70ページ

かくにん 25

きょうかしょ㊦58～62ページ

かん字の ひろば② かん字の よみかた こころが あたたかく なる 手がみ

がつ　にち

10ぷん　／100てん

1 □に あてはまる かん字を かきましょう。 一つ10〔70てん〕

(1) □(ほん)を かりる。

(2) □(たけ)やぶ

(3) 白い □(いと)。

(4) □(ひだり)手

(5) □(みぎ)手を あげる。

(6) □□(せんせい)

(7) □(やす)みじかんに はなす。

2 上の ――と おなじ よみかたを する ものに、○を つけましょう。 一つ15〔30てん〕

(1) 火ようび（火の下に線）
ア（　）火山（火の下に線）
イ（　）花火（火の下に線）

(2) 月ようび（月の下に線）
ア（　）三日月（月の下に線）
イ（　）正月（月の下に線）
ウ（　）まん月（月の下に線）

こたえは71ページ

きほん 26

きょうかしょ㊦64～85ページ　がつ　にち

スイミー
どくしょの　ひろば
「おはなしどうぶつえん」を　つくろう

10ぷん　／100てん

1 ——の　かん字の　よみがなを　かきましょう。　一つ10〔40てん〕

(1) 赤い　さかな。（　）

(2) わかめの　林。（　）

(3) 夕がたに　なる。（　）

(4) 雨が　ふる。（　）

2 あう　ものを　——で　むすびましょう。　一つ12〔36てん〕

(1) シャワーの　ような　・　　・ア　こおり

(2) わたあめ　みたいな　・　　・イ　あめ

(3) ガラス　みたいな　・　　・ウ　くも

3 正しい　ほうに　○を　つけましょう。　一つ12〔24てん〕

(1) おなかを
- ア（　）すく。
- イ（　）すかせる。

(2) さかなを
- ア（　）おい出す。
- イ（　）おい出される。

こたえは71ページ

かくにん 26

きょうかしょ㊦64～85ページ

がつ　にち

スイミー
どくしょの　ひろば
「おはなしどうぶつえん」を　つくろう

10ぷん　／100てん

1 □に　あてはまる　かん字を　かきましょう。　一つ10〔40てん〕

(1) □（あか）い　くつ。

(2) □（はやし）の　中。

(3) □（ゆう）がた

(4) □（あめ）の　日。

2 つぎの　ことばの　いみを　下から　えらんで、――で　むすびましょう。　一つ10〔30てん〕

(1) つっこむ　・　　・ア　うごかずに　いる。

(2) じっと　する・　　・イ　もういちど　てに　いれる。

(3) とりもどす　・　　・ウ　いきおいよく　はいりこむ。

3 （　）に　あてはまる　ことばを、□から　えらんで　かきましょう。　一つ15〔30てん〕

(1) じぶんの（　　　）を　まもる。

(2) おとなの（　　　）を　する。

はなればなれ	ふり	もちば

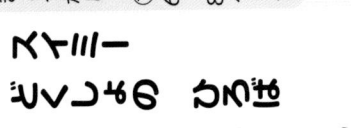

こたえは71ページ

きほん 27

きょうかしょ㊦90～105ページ

みぶりで つたえる
ことばの ひろば② 文を つくろう
かん字の ひろば③ かわる よみかた

がつ にち

10ぷん ／100てん

1 ――の かん字の よみがなを かきましょう。 一つ8〔56てん〕

(1) 男の子が いる。 (2) 女の子が わらう。

(3) 百円の パン。 (4) 中学校へ いく。

(5) 草花 (6) 大きな 玉。 (7) 村人

2 ――の かん字の よみかたを かきましょう。 一つ6〔24てん〕

(1) ① 学校 ② 見学

(2) ① 二千円 ② 三千円

3 えを 見て、「だれ(なに)が どう して います。」の 文を かきましょう。うすい 字は なぞりましょう。 一つ10〔20てん〕

(1)  花 が さいて います。

(2)  が います。

こたえは71ページ

かくにん 27

きょうかしょ㊦90〜105ページ

みぶりで　つたえる
ことばの　ひろば②　文を　つくろう
かん字の　ひろば③　かわる　よみかた

がつ　にち

10ぷん　／100てん

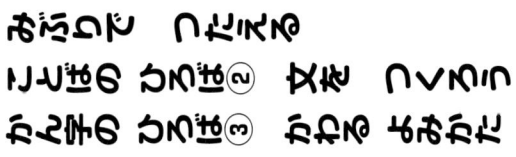

1 □に　あてはまる　かん字を　かきましょう。一つ10〔40てん〕

(1) □（おとこ）の子

(2) □□□（ちゅうがっこう）

(3) □（くさ）花

(4) □（たま）を　ころがす。

2 えに　あう　ことばを、□から　えらんで（　）に　かきましょう。一つ10〔30てん〕

(1)  手を（　　）。

(2)  うでを（　　）。

(3)  くびを（　　）。

あてる
ふる
くむ
かたむける

3 はんたいの　いみの　かん字を　かきましょう。一つ15〔30てん〕

(1) □　きい↕小さい

(2) 上げる↕□げる

こたえは71ページ

きほん 28

きょうかしょ㊦106〜113ページ　　がつ　にち

はじめて しった 学校の こと
ことばの ひろば③ ことばで つたえよう

10ぷん　／100てん

1 ――の かん字の よみがなを かきましょう。 一つ15〔30てん〕

(1) へやに 入る。（　　）　(2) かおを 見る。（　　）

2 つぎの ことばは、下の ア〜エの どれに あてはまりますか。――で むすびましょう。 一つ10〔40てん〕

(1) まるい　・　　・ア たべた ときの かんじ
(2) 赤い　・　　・イ いろ
(3) やわらかい　・　　・ウ かたち
(4) あまい　・　　・エ あじ

3 どのように はなしを ききに いけば よい ですか。（　）に あう ことばを ア〜ウから えらんで、きごうを かきましょう。 一つ10〔30てん〕

・はじめに、①（　）と じこしょうかいを する。
・いま、はなしを きいて いいかを きく。
・②（　）を する。
・りゆうも きく。
・さいごに ③（　）を いう。

ア おれい　イ あいさつ　ウ しつもん

こたえは71ページ

かくにん 28

はじめて しった 学校(がっこう)の こと
ことばの ひろば③ ことばで つたえよう

きょうかしょ㊦106～113ページ

10ぷん　／100てん

1 □に あてはまる かん字を かきましょう。 〔一つ20〈40てん〉〕

(1) 中に □(はい)る。　(2) □□(がっこう)に いく。

2 たべものの クイズです。こたえを ——で むすびましょう。 〔一つ15〈45てん〉〕

(1) きいろくて、あまくて ふかふか して いる。 ・　　・うどん

(2) まるくて ちゃいろで、さくっと して いる。 ・　　・たまごやき

(3) しろくて ほそながい。つるつる たべる。 ・　　・からあげ

3 りゆうを きく ときの いいかたに、◯を つけましょう。 〔15てん〕

ア（　）おはなしを ききたいのですが、いま、いいですか。

イ（　）すきな ものを、もう いちど、おしえて ください。

ウ（　）どうして、すきなのですか。

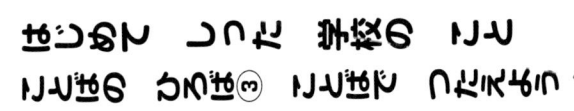

こたえは71ページ

きほん 29

おもい出の　アルバム

きょうかしょ㊦114〜117ページ　　がつ　にち

10ぷん　／100てん

1 ――の　かん字の　よみがなを　かきましょう。〔一つ20〔40てん〕〕

(1) 一年間（かん）の　おもい出。（　　）

(2) おうちの　人。（　　）

2 ――の　かん字が　つぎの　よみかたを　する　ほうに、○を　つけましょう。〔一つ20〔40てん〕〕

(1) にち
ア（　）金よう日
イ（　）まい日

(2) み
ア（　）えを　見る。
イ（　）見学する。

3 おもい出を　つたえる　ぶんしょうを　かく　じゅんばんに、（　）に　1〜5を　かきましょう。〔ぜんぶ　できて　20てん〕

ア（　）えらんだ　おもい出を　メモに　かいて、せいりする。

イ（　）ぶんしょうを　よみあう。

ウ（　）つたえたい　おもい出を　一つ　えらぶ。

エ（　）メモを　もとに　して、まとまりに　わけて　ぶんしょうを　かく。

オ（　）まちがいが　ないか　よみかえす。

こたえは71ページ

かくにん 29

おもい出の　アルバム

きょうかしょ㊦114～117ページ

がつ　にち

10ぷん　／100てん

1 □に　あてはまる　かん字を　かきましょう。　一つ10〔30てん〕

(1) □□（いちねん）間（かん）

(2) もりの　□（なか）。

(3) □（ひと）が　いる。

2 まとまりに　わけて　かく　ときに、だいじな　ことです。
(　)に　あう　ことばを　□から　えらんで　かきましょう。　一つ10〔30てん〕

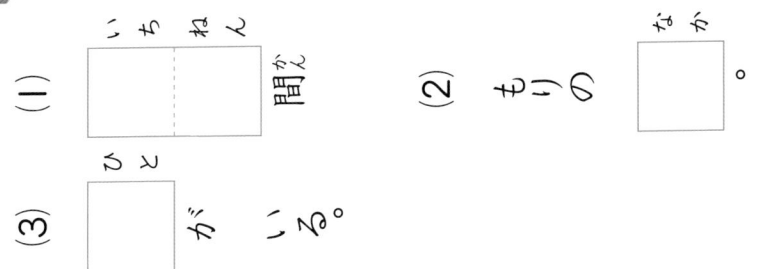

(1) かきたい　ことを、(　　　)かき出す。

(2) (　　　)いる　ものを、
一つに　(　　　)。

まとめる　にて　みじかく

3 おもって　いる　ことを　つたえる　いいかたに、◯を
つけましょう。　一つ20〔40てん〕

(1)
ア(　)がんばりたいと　おもいます。
イ(　)がんばりました。

(2)
ア(　)ちょうせんして　います。
イ(　)ちょうせんしたいです。

こたえは71ページ

きほん 30

きょうかしょ㊦118〜120ページ

がつ　にち

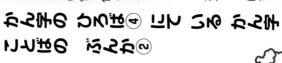

かん字の ひろば④ にて いる かん字
ことばの ぶんか② しりとりで あそぼう

10ぷん

／100てん

1 ――の かん字の よみがなを かきましょう。 一つ8〔88てん〕

(1) 石を ひろう。（　）

(2) 犬を かう。（　）

(3) りっぱな 王さま。（　）

(4) 大きな 町。（　）

(5) 森の 中。（　）

(6) 貝がらを ひろう。（　）

(7) 二本の 足。（　）

(8) へやに 入る。（　）

(9) 木を きる。（　）

(10) 水を のむ。（　）

(11) かたかなを 学ぶ。（　）

2 にて いる かん字を、［　］から えらんで かきましょう。 一つ6〔12てん〕

(1) 中―［　］

(2) 人―［　］

［入　見　男　気　字　虫］

こたえは72ページ

かくにん 30

きょうかしょ㊦118～120ページ

かん字の ひろば④ にて いる かん字 ことばの ぶんか② しりとりで あそぼう

がつ にち

／100てん 10ぷん

1 □に あてはまる かん字を かきましょう。 一つ9〔54てん〕

(1) 小さな□(いし)。

(2) □(いぬ)が ほえる。

(3) □(おう)さま

(4) □(まち)へ いく。

(5) □(あし)が いたい。

(6) □(みず)を くむ。

2 つぎの かん字の おなじ ぶぶんを、□から えらんで かきましょう。 一つ11〔22てん〕

目	子	木	中

(1) 森・休→□

(2) 貝・見→□

3 えを 見て、しりとりを しましょう。 一つ6〔24てん〕

（ノ）

↓

（　）

↓

（　）

↓

（　）

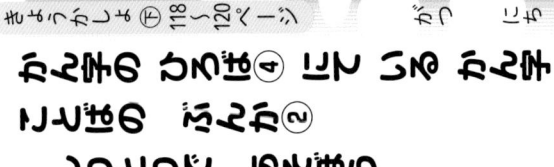

こたえは72ページ

きほん 31

きょうかしょ㊦122〜140ページ

がつ　にち

お手がみ　ひろがることば　これまで　これから

10ぷん　／100てん

1 ――の　かん字の　よみがなを　かきましょう。　一つ20〔40てん〕

(1) 二人で　いく。（　　）

(2) 一人で　あそぶ。（　　）

2 つぎの　ことばと　にた　いみの　ことばを　えらんで、○を　つけましょう。　一つ15〔30てん〕

(1) 「きや　しないよ。」

ア（　）「くるかも　しれないよ。」

イ（　）「くるとは　おもえないよ。」

(2) 「あるものかい。」

ア（　）「あるはず　ないよ。」

イ（　）「ぜったい　あるよ。」

3 気もちを　あらわす　ことばを　三つ　えらんで、○を　つけましょう。　一つ10〔30てん〕

ア（　）かなしい　　イ（　）しんゆう

ウ（　）げんかん　　エ（　）ふしあわせ

オ（　）うれしい　　カ（　）おひるね

こたえは72ページ

かくにん 31

お手がみ
ひろがることば　これまで　これから

きょうかしょ㊦122〜140ページ

がつ　にち

10ぷん　／100てん

1 □に　あてはまる　かん字を　かきましょう。　一つ20〔40てん〕

(1) □□（ふたり）いる。(2) □□（ひとり）で　つくる。

2 つぎの　ことばの　いみを　下から　えらんで、——で　むすびましょう。　一つ10〔30てん〕

(1) たずねる　・　　・ア　きく
(2) こしを　おろす・　　・イ　いやに　なる
(3) あきあきする　・　　・ウ　すわる

3 （　）に　あてはまる　ことばを、□から　えらんで　かきましょう。　一つ10〔30てん〕

(1) （　　　）手がみを　くれるかも　しれない。
(2) （　　　）手がみを　くれた　ことが　ない。
(3) （　　　）手がみを　くれなかったの。

だれも　　どうして　　だれかが

こたえは72ページ

こたえ

1　3・4ページ

1 (省略)

てびき　正しく読めているか、字をさし示しながら確認しましょう。

2 (1)ありがとう
(2)ごめんなさい

★★★

1 (省略)

てびき　一日の流れを絵で追って、場面にふさわしいあいさつを確認しましょう。

2　5・6ページ

1 あ

2 あ

てびき　話の聞き方はどれがよいか確認しましょう。

★★★

1 (省略)

てびき　自分の名前を入れて読み、はきはきと言えるか確認します。できたら、ほめてあげましょう。

2 (1)あ　(2)い

3　7・8ページ

1 (省略)

てびき　運筆の練習です。うすい線をなぞり、上下・左右・直線・曲線がよどみなく書けるようにします。鉛筆の持ち方にも注意しましょう。

★★★

1 (1)くつ　(2)のり　(3)いし
(4)とり

てびき　番号があるものは、番号の順になぞります。

2 (1)あし　(2)くり　(3)いと
(4)つき

4　9・10ページ

1 (1)い　(2)お　(3)あ　(4)う
(5)え

2 (省略)

てびき 口の形に気をつけて、「あひる、たいこ、うちわ、えほん、しおり」と読みます。

・とりがとぶ。
・はながさく。
・いぬがほえる。

★★★

1 (1)あり (2)いけ (3)うし (4)えき (5)おに

2 (1)あし (2)つき (3)とけい

5 11・12ページ

1 (1)かぎ (2)ぶた (3)だい (4)さる

2 (1)ふかふか (2)ぶかぶか (3)ぷかぷか

★★★

1 (1)さる・ざる (2)ふた・ぶた (3)たい・だい (4)かき・かぎ

2 やぎがいる。

6 13・14ページ

1 (1)いす (2)ほん (3)まど

2 (1)ふえ (2)かさ (3)かいだん (4)そら (5)みち (6)いぬ (7)はな

★★★

1 (1)かん・かさ (2)いぬ・いす・りす

2 (順序なし)

7 15・16ページ

1 (1)ね(つ)こ (2)き(つ)て

2 (1)およぐ (2)せっけん

3 くまさんが[、]こえをかけました[。]

★★★

1 (1)ねこ (2)て・み

2 (1)(い) (2)(い)

3 (1)およぐ。 (2)さく。 (3)はしる。

8 17・18ページ

1 (1)ゆめ (2)もも (3)いろ (4)なす (5)ひまわり (6)へちま (7)すみれ (8)あさひ (9)まくら

2 ほんをよむ。

★★★

1 (1)とうふ・ふうせん・せみ (2)あり・まつり・ひまわり (3)おりがみ・えいが・みかん・

ほん
(4)すし・すいか・すいとう

9　19・20ページ

1　(1)あ　(2)え　(3)さ　(4)す
(5)そ　(6)た　(7)ち　(8)て　(9)ひ
(10)ふ　(11)ほ　(12)ま　(13)む　(14)も

2　(1)ぬりえ　(2)さくら

★★★

1　(1)あ　(2)か　(3)さ　(4)た
(5)な　(6)は　(7)ま　(8)や　(9)ら
(10)わ

2　(1)ぼうし　(2)ねずみ

10　21・22ページ

1　(1)(あ)　(2)(い)　(3)(い)　(4)(い)

2　(1)ほうき　(2)こおり
(3)ふうせん　(4)こうえん

★★★

1　(1)おかあさん　(2)おにいさん
(3)おじいさん　(4)おねえさん
(5)おとうさん

2　(1)そうじ　(2)ながれぼし

11　23・24ページ

1　ぼくは、こうえんへいった。

2　(順に)
(1)は・へ　(2)は・へ

3　(1)(い)　(2)(あ)　(3)(い)

★★★

1　(1)おおだいこ　(2)ぶどう
(3)かっぱ　(4)みずでっぽう

2　(1)(あ)　(2)(い)

12　25・26ページ

1　(1)つるの　たかさは、
(2)いろは、みどりです。

2　(1)(あ)　(2)(あ)

3　(1)ゃ　(2)ゅ

★★★

1　(順に)
(1)は・を　(2)が・に

2　(1)かぼちゃ　(2)しょっき
(3)にんぎょう　(4)じゃんけん

13　27・28ページ

1　(1)(い)　(2)(あ)

2　(1)ぼくは(、)やきゅうを
(2)わたしは(、)こうえんへ

(3)おとうとは(、)おにぎりを

★★★

1 (順に)
(1)わ・は　(2)え・お・を
(3)お・へ・を

2 (順に)
(1)え・へ　(2)お・を　(3)は・わ

14　29・30ページ

1 ㋐
2 (1)㋐　(2)㋑
3 うみがひろくて、
びっくりしました。
4 (1)「うんとこしょ、どっこいしょ。」
(2)みんなで　かぶを　ひっぱって　みよう。

★★★

1 (1)ねずみ　(2)ねこ　(3)いぬ
(4)おばあさん　(5)おじいさん
2 (順に)
(1)は・に　(2)と・を
3 (1)㋐　(2)㋑

15　31・32ページ

1 (1)トマト　(2)ココア
(3)アイス　(4)ハム
2 うみで　およぎました。たのしかったです。
3 (1)㋑　(2)㋐

★★★

1 ㋐・㋒・㋕
2 (1)ジャム　(2)コップ
3 (1)レモン　(2)コロッケ
(3)チョコレート

16　33・34ページ

1 (1)やま　(2)ひ　(3)つき　(4)ひ
(5)き　(6)いち　(7)に　(8)さん
2 (1)くちぐちに
(2)あっというまに
3 イ

★★★

1 (1)山　(2)日　(3)月　(4)火
(5)木　(6)二　(7)三
2 (1)まけずに　(2)しょんぼりと
(3)すっかり

17　35・36ページ

1 (1)じ　(2)うえ　(3)した
(4)ひと　(5)かわ　(6)こ　(7)くち
(8)た

2 (1)山　(2)月

3 (1)イ　(2)ア

★★★

1 (1)字　(2)人　(3)川　(4)子

2 (1)下　(2)しるし

3 (1)ア　(2)イ

18　37・38ページ

1 (1)こ(き)　(2)ひと

2 ちぎる

3 (1)ウ　(2)ア　(3)エ　(4)イ

★★★

1 (1)木　(2)一

2 イ

3 「ありがとう。」

てびき 「は ますの右下に、」は ますの左上に書きます。。」は 一つのますに書きます。

19　39・40ページ

1 (1)ふた　(2)みっ　(3)よっ　(4)いつ　(5)むっ　(6)なな　(7)やっ　(8)ここの　(9)とお(じゅう)

2 (1)ご　(2)ろく　(3)しち(なな)　(4)はち　(5)じゅう

3 (1)四がつ・し　四にん・よ　(2)九がつ・く　九こ・きゅう

★★★

1 (1)四　(2)五　(3)六　(4)七　(5)八　(6)十

2 (1)三さつ　(2)二そく

20　41・42ページ

1 (1)み　(2)ぶん　(3)しろ

2 (1)とんとん　(2)ぴちぴち

3 (1)クレ(ヨン)　(2)メロン　(3)シャベル

★★★

1 (1)見　(2)文　(3)白

2 ア

3 (はさみは、) おおきくて、りっぱです。

21　43・44ページ

1 (1)しゃ　(2)て　(3)おお　(4)つち　(5)みず　(6)な　(7)だ

2 イ

3 (1)イ　(2)ア

★★★

1 (1)車　(2)手　(3)大　(4)土

(5)名　(6)水・出

2 イ

3 (1)ポ(ンプ)　(2)リ(ボン)
(3)タイヤ　(4)サラダ

22　45・46ページ

1 (1)はや　(2)ついたち　(3)ふつか
(4)はつか　(5)きん　(6)しょうがつ
(7)はなみ　(8)むし　(9)かな
(10)げつ　(11)か　(12)すい　(13)もく

2 (1)みっか　(2)よっか　(3)いつか
(4)むいか　(5)なのか　(6)ようか
(7)ここのか　(8)とおか

★★★

1 (1)早　(2)正月　(3)花見　(4)虫

2 (1)月　(2)火　(3)水　(4)木
(5)金　(6)土

3 (1)ミ(ルク)　(2)(バ)ナナ

23　47・48ページ

1 (1)あお　(2)そら　(3)め
(4)ひゃくにち　(5)みみ　(6)おと
(7)た　(8)にねん　(9)せん
(10)ちから

2 イ

3 (1)ウ(インナー)　(2)エ(プロン)

★★★

1 (1)青・空　(2)目　(3)耳　(4)音
(5)千　(6)力

2 「いっしょにあそぼう。」
と、こいぬが いいました。

24　49・50ページ

1 (1)てん　(2)なか　(3)き　(4)ちい

2 (1)あれよあれよ
(2)うつらうつら　(3)わやわや

3 (1)シーツ　(2)マラソン
(3)ワーク

てびき (1)「シ・ツ」の三画め、(2)「ソ・ン」の二画めにとくに注意します。書き始めの位置がちがうことを確認しましょう。(3)「ワ・ク」は、書き始めの向きなどに注意しましょう。

★★★

1 (1)天　(2)中　(3)気　(4)小

2 (1)①バ　②ハ　③パ
(2)①チョ　②チュ　③チャ

3 ソーセー㋡→ソーセージ

25　51・52ページ

1 (1)ほんじつ　(2)たけ　(3)いと

(4)ひだりて　(5)みぎて
(6)さゆう　(7)う　(8)い
(9)せんせい　(10)やす

2 (1)①か　②ばな
(2)①にん　②じん

★★★

1 (1)本　(2)竹　(3)糸　(4)左
(5)右　(6)先生　(7)休

2 (1)ア　(2)ウ

26　53・54ページ

1 (1)あか　(2)はやし　(3)ゆう
(4)あめ

2 (1)イ　(2)ウ　(3)ア

3 (1)イ　(2)ア

★★★

1 (1)赤　(2)林　(3)夕　(4)雨

2 (1)ウ　(2)ア　(3)イ

3 (1)もちば　(2)ふり

27　55・56ページ

1 (1)おとこ　(2)おんな
(3)ひゃくえん　(4)ちゅうがっこう
(5)くさばな　(6)たま
(7)むらびと

2 (1)①がっ　②がく
(2)①せん　②ぜん

3 (1)花(が)　さいて　(います。)
(2)虫が　ないて　います。

★★★

1 (1)男　(2)中学校　(3)草　(4)玉

2 (1)ふる　(2)くむ
(3)かたむける

3 (1)大　(2)下

28　57・58ページ

1 (1)はい　(2)み

2 (1)ウ　(2)イ　(3)ア　(4)エ

3 ①イ　②ウ　③ア

★★★

1 (1)入　(2)学校

2 (1)たまごやき　(2)からあげ
(3)うどん

3 ウ

29　59・60ページ

1 (1)いちねん　(2)ひと

2 (1)イ　(2)ア

3 ア2　イ5　ウ1　エ3
オ4

★★★

1 (1)一年　(2)中　(3)人

2 (1)みじかく (2)にて・まとめる

3 (1)ア (2)イ

30 61・62ページ

1 (1)いし (2)いぬ (3)おう
(4)まち (5)もり (6)かい (7)あし
(8)はい (9)き (10)みず (11)まな

2 (1)虫 (2)入

★★★

1 (1)石 (2)犬 (3)王 (4)町
(5)足 (6)水

2 (1)木 (2)目

3 ノート→トマト→
トナカイ→インク

31 63・64ページ

1 (1)ふたり (2)ひとり

2 (1)イ (2)ア

3 ア・エ・オ

★★★

1 (1)二人 (2)一人

2 (1)ア (2)ウ (3)イ

3 (1)だれかが (2)だれも
(3)どうして

3 2 1 0 9 8 7 6 5 4 ＊ ＊ D C B A